AF275831

AMÉRICA Y PAISAJE

EDITORIAL CÁNTICO
COLECCIÓN · DOBLE ORILLA, POESÍA
DIRIGIDA POR RAÚL ALONSO

cantico.es · @canticoed

Suscríbete a nuestro blog en

●◖ **Medium** @canticoed

© Javier Yániz Ciriza, 2024
© Editorial Almuzara S.L., 2024
Editorial Cántico
Parque Logístico de Córdoba
Carretera de Palma del Río, km. 4
14005 Córdoba
© Fotografía del autor: Manuel Castells, 2024
© Imagen de cubierta: *ST Cabeza nueva* (2023) de Eloy Pueyo
Imagen de falsas guardas: *The last mile*
(New York, 1909, Hibberd Van Buren Kline), obra conservada en la
biblioteca del Congreso de los Estados Unidos

ISBN: 978-84-10288-19-5
Depósito legal: CO 1324-2024

Impresión y encuadernación:
Imprenta Luque S.L.

Cualquier forma de reproducción, distribución comunicación pública o transformación de esta obra solo puede ser realizada con la autorización de sus titulares, salvo excepción prevista por la ley. Diríjase a CEDRO
Centro Español de Derechos Reprográficos, www.cedro.org, si necesita fotocopiar o escanear algún fragmento de esta obra.

JAVIER YÁNIZ CIRIZA

AMÉRICA Y PAISAJE

FINALISTA DEL II PREMIO DE POESÍA
PABLO GARCÍA BAENA

EDITORIAL CÁNTICO

COLECCIÓN DOBLE ORILLA  POESÍA

SOBRE EL AUTOR

Javier Yániz (Pamplona, 1999). Investigador. Graduado en Filología Hispánica y Máster en Lingüística Teórica y Aplicada. Se encuentra realizando una tesis doctoral en lingüística sobre procesos de (des)escalada del conflicto y mediación con el grupo Vínculo, Creatividad y Cultura (ICS, Universidad de Navarra). Ha intervenido espacios diversos con obras como *Energía Eólica* (Centro de Arte Contemporáneo de Huarte, 2020), *Cuarteto sin músicos "Fracking"* (Centro de Arte Contemporáneo de Huarte, 2021), *La Anunciación* (Geltoki, 2023) y *Sin título o es demasiado tarde para decirte al oído cómo salir de aquí* (Re-Read Pamplona, 2024). Ha coordinado la antología de poesía *Introducción a la geometría* (2020). Sus textos han sido publicados en medios nacionales e internacionales como Casapaís, Luminaria, Autores, El Universal o Río Arga. *América y paisaje* (finalista del II Premio de Poesía Pablo García Baena y proyecto finalista en Encuentros de Arte Joven 2023) es su primer poemario.

Para Estrella y Julián Ciriza

Yo mismo, sin ir más lejos, acababa de desaparecer. Un sentimiento de bienestar por haberme sabido borrar del mundo comenzó a invadirme y acabé sintiéndome, allí en la catedral vacía, igual que un día me había sentido en el desierto de Sonora, rodeado por la soledad, el silencio, la locura, la libertad.

Doctor Pasavento de Enrique Vila-Matas

Perchance, when, in the course of ages, American liberty has become a fiction of the past —as it is to some extent a fiction of the present— the poets of the world will be inspired by American mythology.

Walking de Henry David Thoreau

I

SCOUR THE AIR

ESCARBAS el aire para que emerjan las marcas
de un azul tan duro que nos dé sombra
por lo menos un rato
y nos mantenemos alineados
con la mirada del otro, resonamos juntos.
Y esta mañana pienso en regalarte un águila
para que sea bandera de la causa
me da igual tú eliges la causa,
porque no tengo mucho tiempo
y porque tengo que decidir ante este paisaje
cómo construir con mi paso un sendero,
y todo lo que se extiende ahora
son *colorless green ideas* en esta mi Arizona imaginada,
esta que puede ser todas las tierras, todos los límites.

RESERVATION

Du mußt dein Leben ändern

Rɪʟᴋᴇ & Sʟᴏᴛᴇʀᴅɪᴊᴋ

Hᴀs de guardar en un cofrecito de río,
que puede ser también este desierto,
aquel lenguaje frontera o nuevas formas de nombrarte
(como una semilla que habita un hueco).
En nuestro fragmento-de-sistema-basado-en-el-uso
construyes todas las ficciones
(no cabe la mentira en este espacio).
Entonces piensas en un tren, en una reserva de indios,
en que te hablan todos los torsos y un —no quieres decirlo—
te estrecha en el espacio que ya es solo respiración.
Llamaste al hostal para ver si les quedaban habitaciones,
y te respondió una voz cascada *siempre hay hueco*.

AUTOPSIA EPIGRÁFICA

ARRASTRAS las yemas sobre el soporte,
buscas descifrar alguna incisión que te recuerde
que la erosión nunca ha tenido piedad,
como si la naturaleza se obstinara
en equiparar la carne a la espuma:
   leveling the flesh to foam.
Porque palpas y los huecos no te revelan
más que el amargor de un gesto.

II

AMÉRICA Y PAISAJE

FLORES SEXADAS

CUANDO la pintura es desierto
cuarteado que ablanda y es masa,
agua sólida, poliuretano y también pigmento,
este pincel deja un rastro de flor sutil
que se niega a desaparecer del todo.
También aquí flota un cráneo de res,
su contrapartida dura, también aquí
el viento y la sombra se abrazan.
Me dices, tan despacio,
«poco queda ya para marchitarse,
pero ahora es nuestra exuberancia».
Georgia O'Keeffe pinta con tierra flores
que se abren, flores sexadas que trinan y ella
se anciana en su rancho
bajo un cielo sin electricidad.

POTAWATOMI

là dove 'l sol tace
they made a statue of us

DANTE & REGINA SPEKTOR

DONDE el sol calla, construiré tu estatua
con los restos de esa espuma de afeitar
que reniega a tragarse mi lavabo.
Donde el sol calla, sin oración,
pero en una contemplación reveladora,
construiré tu estatua con lo efímero:
luz silenciosa con tres gotas de sangre,
una punta de papel higiénico y un pelo
enquistado. Nos consumimos —me dices—
y lo cotidiano es todos los días
y el sol calla como todos los días
y afuera, el páramo.

CITATION

Lo que hay entre nosotros es sobretodo
una lucha de raíces, cifras, matices de luz

TOMAS TRANSTRÖMER

UNA vez sentí que los avisos de la autopista iban dirigidos a mí:
A c c i d e n t e   a   1   k i l ó m e t r o;
pero entre el amasijo de entrañas y chapa
no encontré ninguna de mis vértebras,
no encontré nada.
Hoy que oigo mi voz por la radio,
tan solo puedo reconocer mi nombre
y las preguntas estaban dirigidas a una voz-sin-cuerpo
que repetía citas celebres de otros.

VIAJE EN TREN AL DESIERTO DE SONORA

A gesture of mind situated in some
timeless realm of capabilities

SUSAN SONTAG

LAS vías separaban lo nuclear de lo accesorio
y yo estaba más acá.
Yo, accesorio como un bolso o unos pendientes o un pañuelo,
era un accesorio extraño,
colgado siempre de tu brazo, una liana,
y un lenguaje ajeno a esa postal de cactus,
cráneos de res y algún poste de luz sin cables:
nadie parece necesitar luz en el desierto
cuando las estrellas iluminan frías el llano.
Viajo en tren hacia una periferia sin centro,
el revisor perfora el ticket
y me libera de cierta responsabilidad.
Me permito cerrar los ojos
sin importarme mucho que se me pase la estación,
pero el paisaje termina siempre
colisionando con las vías:
hacia ti, hacia ti, camino
a desaparecer, desaparezco.

GORGONIO O LA LITERATURA DE VIAJES

PENSARON que William Parven había sido devorado por la tierra,
literalmente, masticado por una sima.
Pero cuando vieron la estela de humo
ondeando en San Gorgonio, California,
el helicóptero le encontró tranquilo.
Take me back to civilization
nos dijo. Y mientras sobrevolaban Morongo Valley
y las Avii Hanupach (así llaman en mojave
a la sierra de San Jacinto)
el paisaje se degradaba con el paso de la vista.
Lo que le pareció desde el aire una alambrada
era solo un riachuelo lleno de truchas.

MIGRACIÓN DE LAS MONARCAS

Vuelas hacia un bosque mexicano, vuelves
transformada y enérgica y zumbido y mítica
tras un viaje costoso por los Parques Nacionales.
Mientras Orión te asaeta el borde entre hemisferios,
los Estados y la palabra translúcida, te abres paso,
prevaleces en el aire teñido de naranja,
prevaleces con un canto en los labios,
como piedra que flota, como himno extraño.
Migrante y monarca, cuando el campo se llena
de mariposas desaparece tu mano, la mentira,
el hielo, la fricción de los astros, tus cejas,
el fango, las uñas, el vidrio, los juncos,
nuestra piel, la alambrada y el río
y retoma su lugar la luz del vuelo.

UNA PROMESA AMERICANA

PEQUEÑA mía, aroma de verbena,
espérame en lo alto de la sierra
allá donde las flores
simulan un invierno en primavera.
Volveré al anidar el petirrojo.
No me despido, Butterfly,
pues pronto verás en el puerto
ondear las estrellas.

CAMINARÉ CON EL FUEGO

et videbat quod rubus arderet et non comburetur

Ex. 3:1

LLEGUÉ hasta el límite tan solo
para ver cómo quemaban los rastrojos.
Una columna de humo blanco
ondeaba a la par de las nubes.
Aún lejos, oí crepitar la hierba,
sentí la ceniza haciéndose montones
y no dudé en seguir y, sin embargo,
no pude encontrar camino.
Solo zarzas, digo, rastrojos
    only brambles, I mean, stubbles
se levantaban frente a mí.

EL COYOTE O LECTURA EN CLAVE DE
L'ECLISSE DE ANTONIONI

TENGO el recuerdo de esas bolas de paja
que llaman *tumbleweed* o estepicursor
y también cardo ruso o matojo rodante o barrilla o capitana
que aparecían en tantas películas
instituyendo con su giro nuevas-mitologías-para-nuevos-
                                    [paisajes-tristes.
También recuerdo al coyote gruñendo,
aullando por un charco limpio
y siendo casi como el polvo pegado a tu tobillo.
Su grito en canon forma
nuevos-mitos-de-amor-y-desaparición-y-agua.
Y hoy en las fotos que me mandas desde Tucson, Arizona,
entre esas bolas, entre los carros de la autopista,
los coyotes muerden, pero huesos de pollo entre los restos
y tú, una sombra parada me preguntas.
Norte América y paisaje como un sueño, y la ficción
y lo que resta del resto y no sé qué.
Y, aun así, el coyote aúlla y se oye bien lejos.

UNTITLED I (SILUETA SERIES, IOWA, 1977)

DE Ana Mendieta
es regar lo justo
para que florezca
en lo vacío
el canto.

ALMANAQUE DEL PAÍS DE ARENA

I.

> *I like America and America likes me*
>
> Joseph Beuys

Te encuentras viajando, camino del deshielo,
en un avión que resiste barras, estrellas y el océano.
Te imaginas la paralela blanca como camino de vaho
entre Euskadi y el *Far West*.
El Atlántico es más desierto que Mojave
y este azul es más duro que el Cantábrico,
las turbulencias son aquí casi caricias
te dices.
Había pastores que hablaban vasco y ahora
son cowboys en Rock Springs, Winnemucca,
Elko, Casa Grande, Reno y Gardnerville.

II. COME HIGH WATER

A single silence hangs from horizon to horizon

ALDO LEOPOLD

HAY una frase hecha que me susurraron
al llegar al campero con mi perro en brazos,
llevaba muerto más de una quincena,
pero llevaba en brazos a aquel perro
(perro, coyote, pastor u horizonte).
Dijiste *come high water* — ¿llegue el agua alta?
y borré todas las sinrespuestas del ganado
y borré la falta de sombra, la sed,
y borré toda la soledad de Nevada.
Elías me corrigió *no es nada de morir por agua,*
es frase hecha: no importa la dificultad
que pueda presentarse.
Lo acaricié;
otro cuerpo se suscribe a esta tierra fértil.

III. GREAT POSSESSIONS

> *This true attention, given to objects,*
> *unerringly reveals the presence of others*

III. TWELVE THESES ON ATTENTION

CAMINA libremente, saluda al espacio
ladeando la cabeza, tocando el sombrero,
se ajusta la hebilla, ordena los flecos
y da un paso adelante.
Reconoce, presta atención a su yegua,
levita una piedra, ¿qué es esta planta
y el polvo mojado? y termina negando.
Da un paso atrás,
quiere evitar cualquier prejuicio,
dejar de nombrar a las cosas.
Repite, *sé generoso, sé generoso*, repite,
y *pregúntale ¿qué necesita? ¿qué será? ¿hasta dónde llega?*
Y saluda al espacio, cierra los ojos,
y se marcha el cowboy.

IV.

LLEGAR a esta tierra de mito difuso,
reunir al ganado, hacerte horizonte
y silbar muy muy fuerte una canción de tu infancia.
La pradera se extiende
y ondea el calor al ras de las rocas,
repites la imagen, repites las mismas palabras,
tu inglés limitado a *jelou, gudbai, aim vasque*
te sirve para hacerte entender,
pedir el rancho y arrear las ovejas.
Y estamos solos y silbas aquella canción
y desde muy muy lejos la sombra que fuiste
te hace los coros.

V. RED LANTERNS

En el páramo vi correr al ras del horizonte
a los últimos indios libres de esta tierra:
chalecos de cuero y tachuelas, linternas rojas,
palabras de maíz, hojas de tabaco, herraduras,
arena en la comisura de los ojos, tatuajes,
olor a lluvia y trenzas ensartadas con abalorios brillantes.
Se perdían en el halo que ondea por el calor,
quizá banderas de luz y humo,
los perdí de vista y oí cantar a la soledad del mundo.

VI. IF I WERE THE WIND

Si fuéramos el viento que reordena las púas del nopal,
el gruñido del coyote buscando alimañas y alimento,
el fogonazo de un *flash* que captura el paisaje nocturno
y el silbido que corre más lejos que la oveja extraviada,
estoy segurísimo de que mis ojos se llenarían de lágrimas,
que tomaría caballos, ferrocarriles, mis piernas,
para decirte que hay que vivir y que te echo de menos.

VII. *EL PREMIO* DE GALA KNÖRR

ALFREDO Urdániz Villanueva posa con un cráneo de ciervo
en su rancho, en Arizona y está lejos de casa y sonríe.
La fotografía se pierde entre tantas otras
de aquellos que vieron el Atlántico como frontera navegable.
Vendrás tú luego a dar color, a desempolvar el cuento,
a hacer de su gesto un héroe, suturar cada punto.
Alfredo, tu sombra se abraza
contra el rojo del lienzo que pintó Gala Knörr,
y me preguntas:
¿es este mi momento justo? ¿es este otro atentado
contra el tiempo que nos borra?

III

VAPOR HUMO

FERMÍN JIMÉNEZ LANDA

En los huecos, bajo los adoquines,
coloca semillas de secuoya gigante y espera
a la inauguración
de una ciudad invadida por lo masivo,
colapsada por un bosque.
La lluvia hará el resto y lo que resta ahora
es esperar.

BAILAR PEGADOS

BAILO contigo al ras de esta tarde,
me cedo un espacio, te tomo las manos,
deshacemos el gesto con el gesto del otro,
y me respondes un gracias, nos terminamos besando.
Pienso esa tarde contigo que
donde el canto no es clímax, sino una balsa sin ondas;
donde la voz se hace suave, hasta fundirse en el ruido;
donde me vuelvo honesto sin que nadie lo pida,
sitúo ahí el dardo, mi ternura y mi voz
y que los poemas se pierdan
entre el polvo y el agua.

AHA MAKAV

The seeds sleep like geodes beneath hot feldspar sand
until a flash flood bolts the arroyo

NATALIE DIAZ

¿QUIÉN puede saber el nombre del río que fluye por todos
[los Estados?
No el nombre que te dio el cartógrafo
cuando apuntó en el archivo *Colorado*
como aquel que apunta un *SOS* sobre la arena.
No el nombre que te dio un virrey esperando que así
perviviera su linaje sobre la frontera del tiempo.
No el nombre que te doy yo ahora, río culebra,
interrogante que me niego a descifrar.
Río, quién puede conocer tu nombre, río
que fluyes por todos los estados. Habla,
habla y déjanos navegar por tus meandros
hasta que el interrogante de tus curvas
sea la senda en donde el nombre no importe.

SIMON STARLING

SIMÓN busca cruzar el agua
en una pequeña barca a vapor,
pero no hay forma de avivar la máquina
para que el motor mueva las aspas.
Es ahí cuando, con la parte trasera del martillo,
va desclavando Simón cada una de las tablas;
cada una se vuelve astilla y locomoción.
Iban quemándose las vigas y solo queda
la paralela blanca sobre el estuario.
Simón caminó sobre las aguas
hasta que las aguas lo devoraron todo.

O ES DEMASIADO TARDE PARA DECIRTE AL OÍDO CÓMO SALIR DE AQUÍ

Y te marchas con el agua,
te deshaces cumpliendo aquello
que escribí hace años
la naturaleza se obstina en equiparar
la carne a la espuma. Y tú queriendo
desaparecer, desapareces
y te haces en el aire.

ESTA LLUVIA

I.

Al separarnos supe
que nunca más nos íbamos
a desnudar de la misma forma,
irse es siempre algo costoso.

II.

HABRÁ un momento en que todas las cosas
comiencen por la letra de tu nombre;
así, al marcharte podré consolarme
en los objetos.

III.

Y entre el barro emergió tu ingle
y el codo y el mordisco y las venas.
Entre las sábanas te me vas dando a trozos.
Al sentir que te incorporas
mi ternura florece
en esta oscuridad tan azul y tan dura.
Después de esta noche tendré que aprenderme tu nombre.

IV.

Jeanette cantó *porque te vas*
y esta lluvia antecede
un desaparecer despacio.

UN INTENTO

LAS ondas que tu cuerpo formulaba en la bañera
eran como rosas del desierto: aristas y ocres.
La espuma devolvía a los azulejos el gris
y el vapor, clasificado por densidades, configuraba el paisaje.
Estaba a punto de desbordarse la pila,
me sumergí, no me importó.
No encontré a nadie:
agua, agua, agua y jabón barato.

UNTITLED II
(SILUETA SERIES, NUEVO LAREDO, 1977)

PORQUE lo pequeño que anida
entre los huecos que dejas
es una ausencia muy muy grande
que repite lo mismo,
porque no hay aquí un lugar
que no te pueda ver.

ESCALA Y ESCALERA

Yes I said yes I will Yes.

JAMES JOYCE

EXTIENDO un mapa en esta noche iluminada
de insomnio sí, de cartografía sí
en la distancia.
Extiendo un mapa que acarician mis manos;
recorro autopistas, atravieso montañas
sin esfuerzo, traspaso túneles,
perforo el páramo, vadeo ríos cada vez más profundos,
recorro cada accidente del mapa
preguntando por ti
sin saber sí dónde colocarte
en esta distancia sí que puedo acariciar
a escala sí sonrío afirmo sí con fuerza un Sí.
En esta noche iluminada extiendo un mapa,
pero no te encuentro.
Quiero creer que tu marca está detrás,
en el papel en blanco, ahí lo sé,
en el mapa sin bordes y sin tierra del océano.

¿ES USTED FELIZ, ALFREDO JAAR?

PORQUE vamos en este coche camino a no sé dónde
y nos asaltan los anuncios en la radio, la conversación y un jingle
y nos miramos.
Porque sacas tu Kodak, me inspeccionas:
tan solo puedo sonreírte sin perder la vista de la recta
y oigo el *clic* que me suma a las instantáneas de este viaje.
Tan solo puedo sonreírte y distingo un cartel que dice
¿es usted feliz? lo repito en voz alta *¿es usted feliz?*
En la luna del coche se acumula la calima *clic*
como un velo que *clic* y llevamos *clic* tanto recorrido *clic*
porque solo tengo ganas de besarte.

CHARCO

KIRSTEN Pieroth movió el charco de sitio
con una de esas bombas que chupan y no explotan:
se lo llevó en una garrafa,
parece que un ecosistema cabe entero en una garrafa.
Para volver a depositarlo en la sala de una galería
en San Diego:
aquel charco como alfombrilla
es como un espejo sucio que tiembla y resuena.
Aquel charco que llamó *P f ü t z e*.
Y Kristen Pieroth, con una pajita,
fue soplando cada uno de los bordes
tensando el bastidor de agua.

WILLIAM PARVEN

TAKE me back to civilization, take me back
repetía W. Parven en el helicóptero
y el bombero trataba de calmarle.
Sobrevolaban aquel mantel de tierra
en donde las manchas de luz rodeaban
un almuerzo solar muy largo y muy triste.
Le pareció ver el hornillo, su cantimplora,
un coyote, el mito, su voz y a sí mismo.
You were silly like us, but your gift survived it all
repetía, repetía en la entrevista que tuvo que dar
una semana después para un periódico local.
Repetía, sin saberlo, una cita de Auden
como si su voz se hubiera plegado en su desaparición.

ARQUEOLOGÍA DE LA LUZ

HE leído un artículo donde se hablaba de
nuevas-mitologías-para-nuevos-ultraobjetos
(y no tengo claro si estoy yo entre esas categorías).
Sin mucho concierto me pongo a arañar el barro
y encuentro una sortija de hilos,
una garza y un lazo tallado en ónice,
un nombre que nunca habíamos reconocido y la luz.
Pronto se moviliza la inversión pública, privada y
                                    [la memoria y curiosos,
es algo así como *mejor petróleo*
o un *qué te quedas sin palabras*.
Y al borde de la excavación,
ajena a la cuadrícula de nailon
se mantiene una morera o moral, poco importa,
mientras que el dulce esté lleno de pepitas.

ANUNCIO DE PARTIDA

ME cuesta seguir con estos poemas,
dijo la chicana,
mi anuncio es casi una burbuja,
si es que llega todo esto a ser algo.
Como si lo claro que traía entre los labios,
la noticia precisa, se fuera extendiendo
como neblina, vapor o un riachuelo o no sé qué
y llegando a tus manos, que sostienen los límites,
mojara tus yemas, besara las llagas.
Volvamos —dijo—
me cuesta seguir, pero voy a intentarlo.

THE SMOKER O ANNE SEXTON

Esta noche me despierto
pensando en el fuego que hemos construido,
en la ceniza, la estructura de boj trenzado
con la que los nipmuck arman sus chozas
y en las secuoyas que no vimos en Hassanamisco.
Reconozco que es tarde para esbozar planos de una vida
en dónde poner el recibidor, el baño, tu despacho; dónde
ponerme a mí. Enciendo un cigarro que me permite besar
casi la brasa, no puede estar más íntima. Esta noche
caminaré con el fuego entre los labios
y en duermevela cojo el coche:
estela de humo gris.

IV

PETIT PEINTURE

Riding in a car on the American highways
was like writing poetry with one's whole body

ETEL ADNAN

PARA comprender verdaderamente mi disciplina
abandoné una lengua que nunca sentí propia:
cada país, un pigmento nuevo, nueva palabra.
Estos ejercicios de gestos abstractos,
que en árabe llaman *letras* o *palomas*,
son una pequeña pintura que adornará,
tal vez, mi necrológica.

ALTER MISTERIOS

We didn't cross the border; the border crossed us

ASINTIÓ LA CHICANA

TENGO desabrochada la sandalia
y el tobillo con tanto polvo que ya es
tan parte de mí como mis uñas.
Porque el ambiente se carga de electricidad,
pero descuida, ya tengo poco miedo,
y el último centavo que me queda
se diluye en azogue marrón,
un emplaste ajeno al precio
como cualquier terrón de barro.
He andado por cada pliegue de esta frontera;
he cantado, es decir, me he inventado
cada nota, tu respuesta, el aleteo,
son muchas mariposas, el agua que lo llena
y una pintora que siempre escribe «*Y*» en sus títulos
y que ahora calla.
No tendría que pasar, pero vuela una garza
sobre este llano. Tiene que ser algo excepcional,
me dices.

MÍRAME, ABRÁZAME

PORQUE tengo cierta esperanza
de que la belleza venga envuelta
en algo más que lo terrible,
te dedico este baile
para que cruja el parqué.

THE LIGHTNING FIELD DE WALTER DE MARIA

Y para terminar entre estos postes,
entre esta tierra, entre todo el polvo,
ya solamente puedo edificarte una
escultura de electricidad y lluvia
que refresque esta tierra, nuestra tierra, y
besarte las llagas y creer, por un momento,
que el hueco no existe.

AGRADE/CIMIENTOS

Me gusta pensar que escribir supone estar con los demás, resonar con ellos, armar vínculos y cimientos. Así, este poemario es también de mucha gente. Ahora les quiero dar las gracias. Primero, y sobre todo, a la Editorial Cántico y al Premio de Poesía Joven Pablo García Baena 2ª época por considerar, en un gesto amable, a este libro como finalista. A Daniel Franco, Izaskun Igoa, Bárbara Mingo y Roberto Valencia, que durante los Encuentros de Arte Joven Navarro (2023) me regalaron sus consejos. Gracias también a Pilu Bravo de Lallana, Lucho Sifuentes, Naia Carlos Mendioroz, Iosune de Goñi, Paula Lozano y Leire Ipas. Nos reunimos en Lekaroz para conversar sobre literatura y nos dijimos cosas muy lindas. Gracias a Juan Ramón Corpas y a la revista *Río Arga* por confiar en que la poesía puede hacer un mundo habitable, habitar el hueco. A Elena Medel por dos correos electrónicos y una charla breve al terminar su conferencia en *¡Oh, diosas amadas!* que me dieron esperanzas. A Luis Bravo y a Álex Reyes a los que les dediqué algún poema. Gracias Adam Zagajewski, Anne Sexton, Orville Peck, Natalie Diaz, Billy-Ray Belcourt, Charles Simic, Cristina Rivera Garza, Etel Adnan y Gloria Anzaldúa (porque no os conozco y me apetece nombraros y punto). Y especialmente —todos los poemas son para ellos— quiero agradecer a José Lacarra, Ana Sánchez-Reig, Mikel M. Ciriero, Verónica Barreneche, N. Álvarez y Ane Linde.

Pamplona, 6 de julio de 2024

ÍNDICE

III. VAPOR HUMO

IV

América y paisaje
de Javier Yániz Ciriza,
compuesto con tipos Montserrat
en créditos y portadillas, y DGP
en el resto de las tripas,
bajo el cuidado de Daniel Vera,
se terminó de imprimir
el 4 de septiembre de 2024.

En 1987, Alfredo Jaar
presentó en Times Square *A logo for America*.
Jaar pensó en la intimidad de su cuarto que
América es un paisaje mítico
tan extenso como
el sueño.

LAUS DEO